Allererste
Vorlesegeschichten
ab 2 Jahren

Aus Verantwortung für die Umwelt hat sich der Fischer Kinder- und Jugendbuch Verlag zu einer nachhaltigen Buchproduktion verpflichtet. Der bewusste Umgang mit unseren Ressourcen, der Schutz unseres Klimas und der Natur gehören zu unseren obersten Unternehmenszielen.

Gemeinsam mit unseren Partnern und Lieferanten setzen wir uns für eine klimaneutrale Buchproduktion ein, die den Erwerb von Klimazertifikaten zur Kompensation des CO_2-Ausstoßes einschließt.

Weitere Informationen finden Sie unter: www.klimaneutralerverlag.de

Weitere Informationen zum Kinder- und Jugendbuchprogramm der S. Fischer Verlage finden Sie unter: www.fischerverlage.de

MIX
Papier aus verantwortungsvollen Quellen
FSC® C084279

2. Auflage 2022

Erschienen bei FISCHER Duden Kinderbuch

© 2018 Fischer Kinder- und Jugendbuch Verlag GmbH, Hedderichstr. 114, D-60596 Frankfurt am Main
Erstmals erschienen beim Verlag Bibliographisches Institut GmbH 2010
„Duden" ist eine eingetragene Marke des Verlags Bibliographisches Institut GmbH, Berlin.

Fachberatung: Sabine Schreiber, Logopädin
Layout und Satz: Michelle Vollmer, Mainz
Umschlagkonzept: Mischa Acker
Umschlagillustration: Barbara Nascimbeni

Druck und Bindung: Print Consult GmbH, München
Printed in the Slovak Republic
ISBN: 978-3-7373-3365-8

Allererste
Vorlesegeschichten
ab 2 Jahren

Petra Bartoli y Eckert, Lotte Kinskofer, Salah Naoura
und Sabine Schreiber

mit Bildern von Martina Badstuber, Eva Czerwenka
und Barbara Nascimbeni

FISCHER Duden Kinderbuch

Inhaltsverzeichnis

Für Jüngere

Inhalt 5

Inhaltsverzeichnis

Für Ältere

Für Jüngere

Hanna traut sich

Hanna ist gerne auf dem Spielplatz. Es macht Spaß, im Sand zu graben. Und auf der Schaukel zu sitzen. Nur rutschen, das traut sich Hanna nicht. Oben auf der Rutsche hat sie Angst. Darum klettert Hanna die Leiter immer wieder nach unten.

Heute trifft Hanna ihren Freund Max. Der rutscht gerne. Ob Hanna es doch versuchen soll?

Hanna steigt hinter Max die Leiter hoch. Sie sieht genau zu, wie Max das macht. Max gibt sich selbst einen Schubs. Und hui, rutscht er nach unten.

Hannas Herz klopft. Jetzt ist sie an der Reihe. Sie dreht sich um. Lieber will sie die Leiter heruntersteigen. Aber Max steht schon wieder hinter ihr.

„Komm, wir rutschen zusammen", schlägt er vor.

Hanna nickt. Vorsichtig setzt sie sich hin. Max sitzt hinter ihr. Sie lässt eine Hand los. Mit der anderen hält sie sich noch fest.

Max ruft: „Los!"

Hanna lässt die andere Hand los. Erst rutschen sie langsam. Dann werden sie schneller. Der Wind saust in Hannas Ohren. Und schwups, sind sie unten angekommen. Das hat Spaß gemacht. Hanna will gleich noch mal!

Bauer Ben passt auf

Ben hat einen Bauernhof mit vielen Tieren. Er hat auch einen roten Traktor mit Anhänger.

Es wird Abend. Ben koppelt den Hänger an und steigt auf seinen Traktor. Er fährt los.

Zuerst schaut er nach den Kühen. Ist alles in Ordnung? Nein! Der Zaun ist kaputt.

Ben steigt ab. Mit dem Hammer repariert er den Zaun. Jetzt können die Kühe nicht mehr weglaufen.

Dann fährt Ben mit dem roten Traktor zu den Schafen. Ist alles in Ordnung?

Nein! Ein Schaf ist am Bein verletzt. Es humpelt. Ben setzt das Schaf in den Hänger. Er nimmt es mit nach Hause.

Jetzt fährt Ben zurück. Er kommt am Kaninchenstall vorbei. Ist alles in Ordnung?

Nein! Die Stalltür ist offen! Ein Kaninchen sitzt vor der Tür. Ben fängt es ein und setzt es in den Stall zurück. Er pflückt noch frischen Löwenzahn und füttert die Kaninchen. Dann schließt er die Tür gut zu.

Jetzt muss Ben das Schaf schnell nach Hause bringen. Das Schaf braucht einen Verband.

Endlich fährt Ben den Traktor in die Garage. Jetzt ist er müde von einem langen Arbeitstag.

der Hänger

der Zaun

das Schaf

das Kaninchen

füttern

Bastian will nicht schlafen

„Bastian, Zeit, ins Bett zu gehen", sagt Papa.

Aber Bastian kann nicht. Er muss seinen Turm fertigbauen.

„Bastian, komm bitte", sagt Mama.

Aber Bastian muss sein Bild fertigmalen. Er malt Blumen und eine große gelbe Sonne.

„Bastian, jetzt ist Schluss!", ruft Papa.

Schade! Bastian hätte noch viele Ideen.

Er könnte eine CD anhören. Oder eine Perlenkette auffädeln.

„Morgen ist ein neuer Tag", sagt Mama.

Bastian schlüpft in sein Bett. Mama deckt ihn zu. Sie gibt ihm einen Kuss. „Gute Nacht, mein Schatz", sagt Mama. Dann geht sie aus dem Zimmer.

Jetzt fällt Bastian ein, dass er sein neues rotes Rennauto in der Küche vergessen hat. Er strampelt seine Decke weg. Da kommt Papa. „Schlaf schön", sagt Papa. Er zieht Bastian die Decke wieder hoch.

„Ich bin nicht müde! Ich muss noch mein Auto holen", protestiert Bastian.

Papa überlegt. „Ich gehe es holen", bestimmt er dann.

Bastian gähnt und nickt. Er wartet und denkt an das tolle schnelle Auto.

Als Papa zurückkommt, schläft Bastian schon.

Anne und Oma fahren Zug

Anne sitzt neben Oma im Zug. Sie fahren gemeinsam in
die Stadt. Anne sitzt am Fenster. Sie sieht hinaus.
Auf dem Bahnsteig steht ein Mann mit einer Trillerpfeife
im Mund. Er gibt dem Lokführer ein Zeichen. Dann bläst er
in die Pfeife.
Kurz darauf geht die Reise los. Sie fahren an Häusern
vorbei. Dann sieht Anne Wiesen mit vielen Blumen.
„Schau, Oma! Kühe!", ruft Anne.
Oma sieht aus dem Fenster und nickt.
Plötzlich steht ein Mann neben Anne. Er sieht sie freundlich
an. Es ist der Mann mit der Pfeife. Sie hängt an einem Band
um seinen Hals. „Die Fahrscheine, bitte", sagt er.
Oma nimmt ihre Handtasche. Sie greift hinein. Sie sucht
und sucht. Endlich! Oma hat den Fahrschein gefunden.
Anne darf dem Mann den Fahrschein reichen.
Mit einer großen Zange drückt er einen Stempel darauf.
Er gibt Anne den Fahrschein zurück. „Gute Reise", sagt er.
Dann geht er weiter.
„Wann sind wir da?", fragt Anne.
„Wenn du die nächsten Häuser siehst", sagt Oma.
Aber Anne will noch gar nicht ankommen, sie findet
Zugfahren schön!

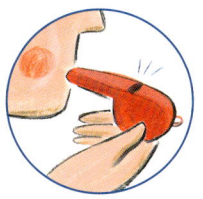

pfeifen

die Kuh

der Fahrschein

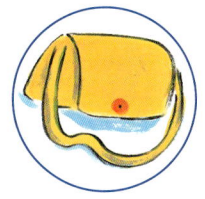

die Handtasche

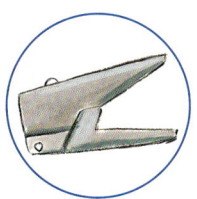

die Zange

Wo ist mein Schmusetuch?

Henry hat ein Schmusetuch.

Es ist himmelblau mit ganz kleinen Blumen drauf. Das Schmusetuch ist schon ein bisschen zerrissen. Mama sagt, es riecht seltsam. Aber Henry liebt sein Schmusetuch. Er hat es immer bei sich.

Heute fahren Mama und Henry mit dem Fahrrad zum Einkaufen. Henry und das Schmusetuch sitzen hinten im Kindersitz. Mama fährt schnell. Das ist toll.

Das Schmusetuch flattert im Wind.

Da plötzlich kann Henry es nicht mehr festhalten.

Das Tuch fällt auf die Straße. Es ist weg. Henry schreit.

Die Autos sausen vorbei.

Mama hört nichts.

Henry schreit noch viel lauter.

Mama bremst und schaut sich um.

Wo ist das himmelblaue Schmusetuch?

Henry schreit jetzt, so laut er kann.

Da sieht er einen Mann am Straßenrand.

Er winkt mit dem blauen Tuch.

Der Mann hat das Tuch gefunden.

Henry ist sehr froh.

Und Mama erst!

Es regnet

Lili und Bea müssen heute drinnen spielen. Draußen
regnet es in Strömen. Bestimmt gibt es viele tolle Pfützen.
Aber Mama will, dass Lili und Bea etwas Ruhiges im
Kinderzimmer spielen.
Lili und Bea fällt zuerst nichts ein. Dann hat Bea eine Idee:
„Wir spielen, dass es ganz doll regnet!"
Lili holt Mamas großen roten Regenschirm.
Bea und Lili sitzen mit ihrem Bär und der Puppe unter
Mamas Schirm im Kinderzimmer. Jetzt brauchen sie noch
echten Regen.
Lili läuft los und füllt zwei Becher voll mit Wasser.
Ganz vorsichtig geht sie zurück ins Kinderzimmer.
Bea, die Puppe und der Bär sitzen unter dem trockenen
Regenschirm. Lili klettert auf den Kinderstuhl. Jetzt soll es
aber richtig regnen. Lili schüttet das Wasser auf den Regen-
schirm. Es tropft an den Seiten runter auf den Teppich.
Macht aber nichts, findet Lili, denn Bea, der Teddy und die
Puppe sitzen ja sicher im Trockenen.
Da kommt Mama. Sie sieht Lili mit dem Becher auf dem
Stuhl. Sie sieht auch den nassen Teppich und den Regen-
schirm. Erst schimpft Mama. Dann dürfen Lili und Bea die
Gummistiefel anziehen und draußen Pfützen suchen gehen.

 regnen

 der Regenschirm

 der Becher

 schütten

 die Gummistiefel

Der Schatz im Sandkasten

„Brumm", macht Tim.

Mit dem Bagger gräbt Tim im Sandkasten ein großes Loch.
Er fährt den Bagger über die Sandstraße. So kommt er an
die Baustelle. Tim drückt die Baggerschaufel nach unten.
Er gräbt die Schaufel in den Sand. Eine ganze Ladung voll
Sand hebt er hoch. Dann dreht Tim den Bagger zur Seite.
Er kippt die Schaufel um. Der Sand fällt auf einen Haufen.
„Brumm", macht Tim wieder.

Der Bagger muss zurück zur Baustelle fahren. Tim holt
noch eine Schaufel voll Sand. Er lädt den Sand wieder auf
dem Haufen ab. Das Loch im Sandkasten wird immer tiefer.
Und der Haufen daneben immer höher.

Tim macht eine kurze Pause. Er sieht sich das Loch an. Es
ist tief genug. Tim holt aus seiner Hosentasche ein Bonbon.
Das ist sein Schatz. Er legt es in das Loch.

„Brumm", macht Tim noch mal. Mit seinem Bagger holt er
Sand von dem hohen Haufen. So schaufelt er das Loch zu.
Er baggert so lange, bis kein Loch mehr zu sehen ist.
Jetzt ist das Bonbon vergraben. Tim hat seinen Schatz gut
versteckt. Mal sehen, wer ihn findet.

Stachelnwaschen

Jo hat mit den anderen Igelkindern im Laub gespielt. Jetzt
will Mama seine Stacheln waschen. Aber Jo hat Angst davor.
Das Wasser und die Seife piksen immer in seinen Augen.
Mama nimmt das große Ahornblatt zum Abtrocknen und die
Stachelseife. „Komm, Jo, du bist ganz schmutzig", sagt sie.
Sie nimmt Jo an die Hand und geht mit ihm zum Tümpel.
Da fängt Jo an zu weinen.
Am Tümpel sitzt Jos Freundin Sefa, das Eichhörnchen.
„Sefa, ich will meine Stacheln nicht waschen! Das pikst so
doll in den Augen!" Jo weint immer noch.
Sefa huscht einen Baumstamm hinauf, verschwindet und
steht plötzlich neben Jo. In ihren kleinen Krallen hält sie
zwei weiche Birkenblätter.
„Ich weiß einen tollen Trick", sagt Sefa. „Drück die Blätter
gegen deine Augen, dann pikst nichts."
Hoffentlich hat Sefa recht.
Mama seift die Stacheln ein.
Jo drückt die Blätter fest auf die Augen und taucht unter.
Als er auftaucht, lässt er die beiden kleinen Blätter sinken
und öffnet vorsichtig die Augen.
Es hat kein bisschen gepikst. Das ist wirklich ein toller
Trick.

waschen

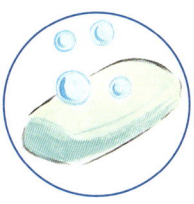

die Seife

das Eichhörnchen

der Baumstamm

das Blatt

Das Tigerkind hat es gut!

Hurra! Paula geht heute mit Mama in den Zoo.

Sie kommen an Käfigen und Gehegen vorbei. Darin wohnen viele Tiere. Paula sieht Affen. Die turnen an Ästen und Seilen. Die dicken Elefanten spritzen sich mit dem Rüssel nass. Paula staunt. Wie hoch die Giraffe ihren Hals recken kann! Vor dem Käfig mit den Tigern bleibt Paula lange stehen. Paula mag Tiger gerne. Neben der Tigermutter entdeckt Paula ein Tigerkind. Ganz fest kuschelt sich das Kleine an seine Mutter.

Paula nimmt Mamas Hand.

Das Tigerkind stupst die Tigermutter mit seinem Kopf in die Seite.

Paula lehnt sich an Mamas Bein.

Der kleine Tiger reibt seine Nase an dem Fell der Mutter.

Paula drückt sich noch ein bisschen fester an Mama.

Die Tigermutter leckt dem Tigerkind mit der Zunge das Fell.

Mama streichelt Paula über den Kopf. Das Tigerkind gähnt.

Es reißt sein Maul weit auf. Die Augen kneift es dabei zusammen.

Paula sieht zu Mama hoch. Beide müssen darüber lachen.

Bei ihrer Mama fühlt Paula sich wohl. Genauso wohl wie das Tigerkind bei seiner Mutter!

Theo holt Hilfe

Theo fährt mit seinem roten Rutschauto auf den kleinen Weg. Ganz schnell biegt er um die Ecke. Da sieht er Andi auf dem Fahrrad. Andi ist schon groß. Er macht Kunststücke auf seinem Rad. Manchmal fährt er, ohne den Lenker festzuhalten. Theo findet Andi ganz toll.

Aber was ist das? Plötzlich verliert Andi das Gleichgewicht und stürzt.

Theo fährt mit dem Rutschauto ganz nah zu ihm hin.

Andi weint. Beide Knie bluten.

„Ich sag Bescheid", sagt Theo und rast los. Er weiß, wo Andi wohnt.

Vor der Haustür von Andis Eltern bremst Theo scharf. Er rennt die Stufen hoch. Die Klingel ist weit oben. Theo muss sich strecken, aber er schafft es. Andis Papa öffnet die Tür.

„Andi ist hingefallen. Er weint. Wahrscheinlich braucht er zwei Pflaster!", sagt Theo schnell, weil es ja ein Notfall ist.

Andis Papa rennt zu Andi und nimmt ihn in den Arm.

Mit Papas Hilfe humpelt Andi zurück zum Haus.

Zwei große Pflaster werden auf seine blutigen Knie geklebt.

„Danke, dass du mich gerufen hast, Theo!", sagt Andis Papa.

„Gut, dass ich mein schnelles Auto habe", denkt sich Theo.

das Rutschauto

das Fahrrad

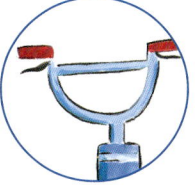
der Lenker

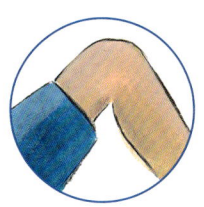
das Knie

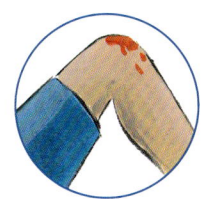
bluten

Für Ältere

Wer hat die schönsten Zähne?

In den Tierkindergarten kommt heute der Zahnarzt! Alle sind schon ganz aufgeregt. Er wird den Tieren ins Maul schauen und sehen, ob die Zähne in Ordnung sind und ob die Tiere damit gut fressen können.

„Meine Zähne gefallen ihm bestimmt", sagt die kleine Katze, die immer ein bisschen eingebildet ist. „Sie sind spitz und scharf!" Dann reißt sie das Maul auf, damit alle ihre schönen Zähne bewundern können.

„Aber meine sind größer", sagt das Fohlen und bleckt die Zähne. Die anderen Tiere sind sehr beeindruckt, denn das Fohlen hat wirklich sehr große Zähne.

„Damit kannst du mich zerbeißen!", fürchtet sich der kleine Hamster.

Aber das Fohlen schüttelt den Kopf: „Ich fresse doch keine anderen Tiere. Ich mag lieber Gras, Möhren, Äpfel und Hafer."

Keinem fällt auf, dass das Kälbchen ganz still ist. Es geht aus dem Zimmer und bleibt vor dem Spiegel im Flur stehen. Ganz weit reißt das Kälbchen sein Maul auf. Darin sieht es ganz anders aus als bei der Katze. Das ist dem Kälbchen bisher noch gar nicht aufgefallen: Es hat vorne gar keine Zähne! Zumindest oben nicht. „Bei mir stimmt etwas nicht", denkt das Kälbchen. „Was mache ich nur, wenn der Zahnarzt kommt? Die anderen lachen mich bestimmt aus."

Der Zahnarzt sieht allen Tieren ins Maul. Selbst die Vögel
sperren ihre Schnäbel auf, obwohl sie gar keine richtigen
Zähne haben.
Der Arzt lobt den Hamster für seine hübschen Nagezähne.
Die Katze drängt sich stolz vor und macht das Maul auf.
Der Doktor ist nicht zufrieden.
„Du solltest dir öfter die Zähne putzen", sagt er.
Doch die kleine Katze will das nicht. „Es sind doch nur
Milchzähne", sagt sie. „Ich bekomme bald neue."
Der Zahnarzt ist nicht einverstanden: „Auch auf seine
Milchzähne muss man gut aufpassen."
Dann guckt er dem Fohlen ins Maul und nickt zufrieden.
Das Kälbchen stellt sich zu den Tieren, die der Zahnarzt
schon untersucht hat. Damit die anderen Tiere nicht
erfahren, dass es vorne oben keine Zähne hat.

Aber der Doktor merkt das. Er winkt dem Kälbchen: „Du
warst noch nicht bei mir", sagt er und will es beruhigen:
„Es tut nicht weh, versprochen."
Das Kälbchen macht das Maul nur ein bisschen auf.
„Weiter", ruft der Zahnarzt. Also macht es ein bisschen
weiter auf.
„Noch weiter!", ruft er. Der Doktor sieht ins Maul, er hat
einen kleinen Spiegel und ein spitzes Gerät, mit dem er
hinten in den Zähnen herumstochert.
„Sehr schön", sagt er.
Das Kälbchen sieht ihn erstaunt an: „Aber ich habe doch
vorne oben gar keine Zähne!"
„Das ist normal", sagt der Zahnarzt. „Kühe brauchen das
nicht."

„Zeig doch mal!", ruft die Katze,
die das gehört hat. „Das sieht
bestimmt komisch aus."
Das Kälbchen ist unsicher,
aber es macht doch das
Maul auf.
„Eine harte Platte, mit der
man Gras rupfen kann, das
ist toll", findet das Fohlen.
„Wenn man weniger Zähne hat,
tun sie auch nicht so oft weh",
meint der Hamster, der ständig
Probleme mit einem Backenzahn hat.
„Ich finde das gar nicht schön", sagt die Katze,
weil sie neidisch ist. Niemand bewundert mehr ihre
spitzen Zähne.
Alle sehen nur noch auf das Kälbchen.
„Wenn du deine Zähne nicht putzt, wirst du auch bald
vorne keinen Zahn mehr haben", sagt
das Fohlen und alle lachen.
Auch das Kälbchen.
Und dabei zeigt es den anderen
stolz seine Hornplatte.

Das Kalb guckt sich im Spiegel an,
es hat im Maul fast keinen  !

Die Katze lacht es dafür aus:
„So fängst du sicher keine  !"

Der Doktor sagt: „Was macht denn das?
Das Kälbchen frisst doch lieber  !

Du, Katze, sei nicht frech und faul,
und putz die Zähne in deinem  !"

Fabian hilft den Handwerkern

Fabian wundert sich, als er mittags aus dem Kindergarten kommt. Mama und Papa haben die Möbel im Flur mit Plastikfolie zugedeckt. Außerdem sind die Türen zu allen Zimmern fest verschlossen, und davor ist auch eine Folie gespannt.

„Wir bekommen ein neues Bad", erklärt Papa.

„Gleich kommen die Handwerker und fangen an."

„Sie machen bestimmt sehr viel Dreck", seufzt Mama.

Zuerst aber machen die Handwerker sehr viel Lärm.

Sie montieren das Waschbecken ab und tragen es hinaus, dann den Schrank und die Toilette, am Ende sogar die Badewanne. Fabian guckt neugierig ins Bad. Es ist fast ganz leer. Komisch sieht das aus. Nur die Kacheln sind noch an der Wand.

Die Handwerker holen eine
Maschine. Damit schlagen
sie die Fliesen von den Wänden.
Nun ist es nicht nur sehr, sehr
laut, jetzt fliegt auch der Staub
durch das Bad und den Flur.
Mama zieht Fabian zu sich in die
Küche. „Es ist zu laut und zu staubig!",
schreit sie. Denn wenn sie normal
redet, kann Fabian sie nicht verstehen.
Als die Handwerker Pause machen,
guckt Fabian ins Bad. Er ist gespannt,
wie es dort jetzt aussieht. Eine Wand
ist schon ganz ohne Fliesen. Die Scherben
liegen auf dem Boden. Der Spiegel im
Flur ist mit einer dünnen Staubschicht bedeckt.
Fabian malt ein lustiges Bild in den Staub.
„Du wirst mal ein Künstler!", ruft einer der Handwerker,
aber Fabian schüttelt den Kopf. „Ich will Handwerker werden,
so wie du! Das macht Spaß mit der lauten Maschine, oder?"

Der Handwerker lacht. „Es ist aber auch anstrengend.“
Fabian will das ausprobieren. Aber die Maschine, mit der
der Handwerker die Kacheln von der Wand schlägt, ist
zu schwer für ihn.
„Wenn man Handwerker werden will, fängt man mit leich-
teren Arbeiten an“, erklärt ihm der Mann. „Willst du so was
mal probieren?“
Fabian nickt. Da gibt ihm der Mann ein Paar große Arbeitshandschuhe. Fabian kann sie bis fast zu den Ellenbogen
hochziehen.
„So, jetzt räumen wir erst einmal den Dreck weg“, sagt der
Mann.
Gemeinsam heben sie die kaputten Kacheln auf und werfen
sie in den Eimer. Dann darf Fabian helfen, den Eimer hinaus-
zutragen und die zerbrochenen Kacheln in einen großen
Container zu schütten.

„Das ist toll!", findet Fabian.

Der Handwerker lacht. „So einen wie dich können wir gut gebrauchen!"

Zum Beweis dafür, dass Fabian ein toller Handwerker ist, setzt ihm der Mann seine Kappe auf. Die ist ein bisschen groß, genau wie die Arbeitshandschuhe. Die Kappe hängt Fabian bis über beide Ohren und ins Gesicht.

„Die Mütze ist noch ein bisschen groß", meint Fabian.

„Du hast ja auch noch ein bisschen Zeit, bis du Handwerker wirst", sagt der Mann. „Aber ich freue mich darauf, wenn du bei mir in die Lehre gehst!"

Oma Gerdas Lieblingsspinne

Oma Gerda liebte Tiere über alles, und die Tiere liebten sie.
Morgens kamen die Vögel an ihr Fenster und sangen ihr
ein Aufstehlied, deswegen brauchte sie gar keinen Wecker.
Wenn Oma Gerda in die Stadt musste, trug sie ihren Hut
mit dem Vogelnest obendrauf. Darin saßen zwei kleine
piepsende Vogelbabys.

„Bei Ihnen piept da oben was!", schimpften die Leute.

„Bei mir piept nichts, das ist mein Hut", erklärte Oma
Gerda.

Im Winter, wenn es kalt war, wohnten viele Tiere
in Oma Gerdas Haus.

Auf dem Kleiderschrank turnten
die Eichhörnchen herum,
im Wohnzimmer schaute der Fuchs fern,
im Keller schnarchte der Igel.
Und über der Küchenlampe wohnte
Oma Gerdas Lieblingsspinne, die
hieß Mathilde.

An einem kalten Wintertag
hatte Oma Gerda vergessen,
das Fenster zuzumachen.
Da pfiff der Wind so doll herein,
dass Mathildes schönes
Spinnennetz zerriss. Mathilde
krabbelte aufgeregt hin und her.
Oma Gerda konnte sich schon
denken, was die kleine Spinne
sagte: „Mein Netz, mein
schönes Netz!" Aber hören
konnte sie nichts. Weil
Mathilde nämlich viel zu klein
war und ihre Stimme viel zu leise.
Oma Gerda schnitt sich vier
weiße Haare ab. Dann nahm
sie eine winzige Nadel und nähte
das Loch im Spinnennetz wieder zu.
Mathilde freute sich so sehr, dass sie in ihrem Netz
schaukelte wie in einer Hängematte!
Am nächsten Tag stellte Oma Gerda fest, dass ihr Spar-
schwein leer war. „Zu dumm, das Geld ist alle",
seufzte sie. „Und dabei wollte ich mir doch ein Paar
schöne dicke Socken kaufen!"

Als sie am nächsten Morgen in die Küche kam, machte sie große Augen: Oben an der Küchenlampe hingen plötzlich drei Netze! Zuerst Mathildes dünnes Netz. Dann ein dickes Netz, das sah aus wie eine linke Socke. Und dann noch ein dickes Netz, das sah aus wie eine rechte Socke!
„Oh, Mathilde!", rief Oma Gerda. „Sind die für mich?"
Die kleine Spinne hüpfte aufgeregt auf und ab, und das hieß ja.
Oma Gerda probierte die Socken an. Sie waren wunderbar warm und weich. „Vielen Dank, Mathilde!"

Als sie am nächsten Morgen in die Küche kam, hing an der
Lampe ein ganzer Pullover!
„Oh, Mathilde!", rief Oma Gerda. „Das ist das schönste
Geschenk, das ich je bekommen habe!"
Mathilde hüpfte auf und ab wie ein Flummi.
Der Pullover war nicht sehr dick, aber trotzdem schön warm.
Es war ein richtiger Wunderpullover!
Als Dora, Oma Gerdas beste Freundin, zu Besuch kam,
probierte sie den Wunderpullover an und sagte: „Ach, Gerda,
so einen hätte ich auch gern, geht das?"
„Ich weiß nicht. Geht das, Mathilde?", fragte Oma Gerda.
Mathilde hüpfte auf und ab, und als Oma Gerda am
nächsten Morgen in die Küche kam, saßen auf
der Lampe fünf Spinnen – Mathildes Freundinnen.
Und alle fünf spannen schöne warme
Wunderpullover!
Oma Gerda freute sich. Bald darauf machte
sie zusammen mit Dora, Mathilde
und den anderen Spinnen
einen Pulloverladen auf.
Und von überallher kamen
die Leute und kauften die
fantastischen Wunderpullover!

Ronja will nicht teilen

Ronja geht gerne in den Kindergarten. Aber heute geht sie ganz besonders gern. Denn Mama hat ihr einen Lebkuchen eingepackt.

„Ich weiß, dass ihr normalerweise keine Süßigkeiten mitbringen dürft", sagt Mama. „Aber bald ist Weihnachten, und da kann man schon mal eine Ausnahme machen. Das hat auch Anne gesagt."

Anne ist die Erzieherin. Sie ist sonst eher streng. Aber sie hat es erlaubt.

Ronja freut sich schon die ganze Zeit auf die Pause. Sie hat den Lebkuchen dabei! Und sie isst Lebkuchen doch so gerne!

Um zehn Uhr holen alle Kinder ihr Pausenbrot heraus und setzen sich an den Tisch. Plötzlich beginnt Kalle zu weinen. Er hat sein Brot zu Hause vergessen. Er hat gar nichts zu essen dabei!

Aber Anne fällt gleich etwas ein: „Wir können doch teilen! Jedes Kind legt auf den Tisch, was es zur Pause mitgebracht hat. Kalle bekommt von allem ein bisschen – und ihr könnt auch untereinander tauschen oder probieren."

Die Kinder finden das lustig. Alle legen auf den Tisch,
was ihnen die Eltern zu Hause eingepackt haben.
Neugierig gucken sie, was die anderen dabeihaben.
Lukas hat eine Banane mitgebracht, Farina einen Apfel
und Zwieback.
Paul packt sein Wurstbrot aus, Sarah ein paar kleine
Tomaten.
Mehmet hat ein Käsebrötchen dabei und Weintrauben.
Der Tisch ist voll mit Leckereien.

„Ronja hat ihr Pausenbrot noch nicht auf den Tisch gelegt", sagt Kalle auf einmal.

Alle Kinder sehen Ronja an. Die hält ihre Dose fest in der Hand.

„Ich will nicht teilen", sagt sie. „Ich will meinen Lebkuchen ganz allein essen."

Die Kinder sehen sich fragend an. Was sollen sie nun tun? Aber Anne macht einfach weiter. Die Erzieherin schneidet alles in kleine Stücke, sodass jedes Kind probieren kann, was es haben will.

„Wie fangen wir unsere Pause sonst immer an?", fragt Anne.

„Piep, piep, piep, wir haben uns alle lieb!", rufen die Kinder. Dann nimmt sich jedes Kind, was es gerne haben möchte.

„Ich will das von Mehmet probieren!", ruft Lukas.

„Ich möchte ein Stück von der Banane", meint Sarah.

„Zwieback – lecker!", freut sich Paul.

„Willst du eine Tomate?", fragt Sarah Mehmet, und der gibt ihr dafür von seinen Weintrauben.

Ronja sitzt dabei. Sie hat ihren Lebkuchen nun ausgepackt und beißt hinein.

Die anderen Kinder beachten sie nicht.

Sie sind damit beschäftigt, zu tauschen und zu essen.

Sie lachen viel, sie kosten, was die anderen dabeihaben.

Sie rufen: „Oh, lecker!" oder: „Das will ich auch noch probieren!"

Ronja liebt Lebkuchen. Aber heute schmeckt er ihr nicht so gut wie sonst. Sie weiß nicht genau, warum. Sie hat sich am Morgen überlegt, ob sie Sarah was abgibt, das ist ihre beste Freundin. Aber Sarah tauscht gerade mit Paul. Ronja fühlt sich allein. Da hilft der Lebkuchen nicht.

„Ich will auch mitspielen!", schreit Ronja plötzlich und beginnt zu weinen.

Alle Kinder sehen Ronja erstaunt an.

Aber Anne versteht, was mit Ronja los ist.

„Allein schmeckt es nicht so gut", sagt Anne. Dann nimmt
sie Ronjas Lebkuchen und zerteilt ihn. Ein kleines Stück
bleibt noch für Ronja. Die anderen Teile kommen in die
Mitte des Tisches. Jedes Kind darf sich davon nehmen.
Alle probieren den Lebkuchen. Lecker!

„Darf ich auch Weintrauben haben?", fragt Ronja. „Und ein
Stück Käsebrötchen?"

Nun hat sie einen Teller voll bunter Sachen wie alle anderen
Kinder auch.

„Das machen wir jetzt jeden Tag!", rufen die Kinder.

Auch Ronja ist einverstanden.

Im Kindergarten ist jetzt Pause,
doch Kalles Brot, das liegt zu — Hause.

„Wir teilen und wir tauschen alle",
sagt Anne, „dann reicht's auch für — Kalle."

Doch Ronja, die sagt dazu Nein:
„Mein Lebkuchen gehört mir — allein."

Am Ende aber wird sie sehn:
Alleine essen ist nicht — schön.

Kriegt jedes Kind von jedem was,
dann macht das Teilen allen — Spaß.

Frieder Fleder und die Maus

Die Familie Fleder war eine ganz normale, nette Fleder-
mausfamilie. Alle liebten das Fliegen, denn Fledermäuse
haben ja Flügel, anders als normale Mäuse.
Papa Fleder war Briefträger bei der Luftpost. Mama Fleder
flog kleine Tiere, die nicht schwimmen konnten, über
den Fluss. Und die Fleder-Kinder segelten schnell wie
die Libellen über die Wiesen und spielten Fangen.
Alle waren glücklich und zufrieden … Bis sie eines Tages
einen kleinen Sohn bekamen, der hieß Frieder. Er sah
aus wie eine Fledermaus. Er aß, was Fledermäuse essen,
er sprach, wie Fledermäuse sprechen – nur fliegen wollte
er nicht!

Als er groß genug war, um es zu lernen,
klammerte er sich mit beiden Händen
an einem Ast fest und ließ nicht
wieder los.

„Wie bitte, mein kleiner Sohn will
nicht fliegen?", rief Papa Fleder.
„Aber Frieder, mein Mäuschen",
seufzte die Mama. „Warum denn nicht?"
„Fliegen ist mir zu hoch", sagte Frieder.
„Da wird mir schlecht. Ich lauf lieber!"
„LAUFEN!", lachten Frieders Brüder. „Er will laufen!"
Frieder lachte mit. Aber er stand jeden Morgen ganz
früh auf und lief zur Mäuseschule.
Er kaufte sich knallrote Rennschuhe und übte, so schnell
zu laufen wie die schnellste Rennmaus.
Er war wirklich schnell. Wuuuiii rannte er in die Schule.
Und wuuuiiiii rannte er nach der Schule wieder zurück
nach Hause.
Seine Brüder schüttelten die Köpfe. „Und wozu brauchst
du dann deine Flügel?", fragten sie.

„Als Regenschirm", sagte Frieder.
In der Mäuseschule lernte Frieder die
netteste Maus der Welt kennen. Sie
hieß Pauline und war eine ganz normale
Maus, ohne Flügel.
Einmal, als es ganz doll regnete,
brachte Frieder Pauline von der Schule
nach Hause. Und die ganze Zeit hielt
er seinen Flügel-Regenschirm über sie.
Das fand Pauline sehr nett.
„Frieder, ich möchte so gerne mal wieder das Meer
angucken", sagte Pauline eines Tages. „Kommst du mit?"
„Klar", sagte Frieder. Und sie packten eine Nuss ein, für
unterwegs, und liefen los, zum Meer.
Sie kamen zu einem hohen Felsen. Von dort konnte man
das Meer besonders gut sehen.
    „Ach schön, das Meer", seufzte Pauline.
    „Ja, aber geh lieber nicht zu nah an den Rand",
        sagte Frieder. „Magst du ein Stückchen Nuss?"

Plötzlich wurde der Himmel grau, dann schwarz. Und der Wind blies immer stärker und stärker … und noch stärker!

„Hilfe!", rief Pauline und hielt sich an Frieder fest.

„Hilfe!", rief Frieder und hielt sich an Pauline fest.

Der Sturm pustete die beiden genau dahin, wo der Fels aufhörte!

„Ojeojeojeeee, wir fallen runter!", schrie Pauline.

Frieder versuchte, mit seinen knallroten Laufschuhen zu bremsen. Aber es half nichts. Hui, fegte der Wind sie über die Klippe.

„Aaaah! Halt dich feeeeest!"

Frieder öffnete seine Flügel. Pauline hielt sich an seinen Füßen fest, und so segelten sie zusammen hinunter.

„Puh!", sagte Frieder, als sie mit einem Plumps im Sand landeten.

„Das ist ja gerade noch mal gut gegangen!"

Dann klappte er seine Flügel wieder zu, und die beiden liefen schnell nach Hause.

Wo steckt Emily?

Emily darf heute mit Mama ins Kaufhaus, denn Mama will sich eine neue Jacke aussuchen.

„Vielleicht finden wir auch etwas Hübsches für dich", meint Mama.

Sie sieht sich verschiedene Jacken an, drei davon will sie anprobieren.

„Bleib bitte in der Nähe. Damit ich dich nicht suchen muss", sagt sie zu Emily, bevor sie in der Kabine verschwindet.

Bald darauf kommt Mama wieder heraus.

Sie trägt die grüne Jacke.

„Die passt mir nicht", sagt sie zur Verkäuferin.

Mama probiert die zweite Jacke an.

„Sie steht mir nicht", meint sie.

Die dritte Jacke gefällt ihr auch nicht.

Mama sucht andere Jacken aus.

Emily ist langweilig. „Können wir nicht spielen, Mama?"

Mama schüttelt den Kopf. „Aber ich bin bald fertig, versprochen."

Mama ist noch lange nicht fertig.

Emily ärgert sich. Mama darf sich verkleiden, das will sie auch!

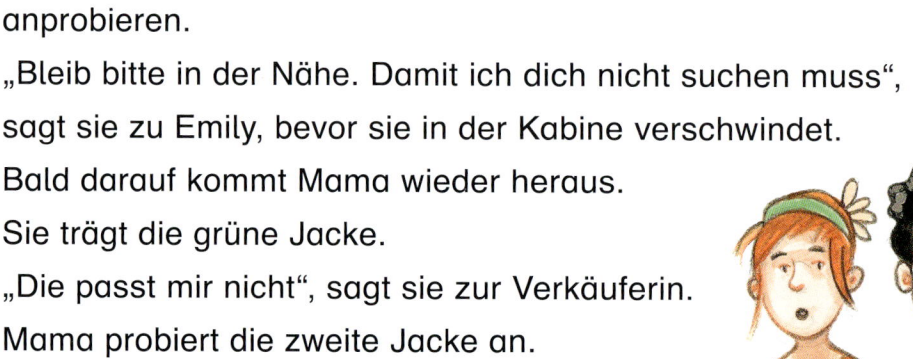

Sie nimmt von einem der Tische einen Pullover, geht in
eine Kabine und zieht ihn an. Das ist ganz schön schwierig.
Der Pullover reicht fast bis zum Boden, auch die Ärmel
sind viel zu lang. Die Kapuze gefällt Emily besonders gut.
Sie zieht sie über den Kopf. Jetzt kann niemand mehr ihr
Gesicht erkennen.

Emily guckt zur Kabine hinaus. Mama ist gerade nicht da.
Die Verkäuferin beachtet sie auch nicht. Diese schönen
großen runden Kleiderständer! Überall hängen
Mäntel, Jacken und Pullover. „Wenn ich in die Mitte
hineinschlüpfe, findet mich niemand", denkt Emily,
schleicht aus der Kabine und verschwindet
in einem Kleiderständer.

Sie spielt jetzt Verstecken, und Mama muss
einfach mitmachen.

Emily wartet lange. Endlich merkt
Mama, dass Emily nicht mehr da ist.
„Emily?", fragt Mama und sieht sich
um. „Emily?", sagt sie noch einmal
und wirft einen Blick in die Umkleide-
kabinen. Emily kann das aus ihrem
Versteck beobachten. Sie freut sich.
Jetzt wird Mama sie suchen.
Aber Mama sucht nicht. Sie geht zu
einer Verkäuferin.
„Haben Sie meine kleine Tochter gesehen?"
Die Verkäuferin schüttelt den Kopf. „Gehen Sie doch vorne
an die Kasse und lassen Sie das Kind ausrufen."
Tatsächlich geht Mama jetzt weg. Emily ist enttäuscht. Sie
sitzt schon so lange im Kleiderständer. Allmählich wird es
langweilig. Niemand sucht sie. Emily kommt aus ihrem
Versteck. Mama ist nicht da.

Aber was ist das? Draußen vor der
Tür bindet eine Frau ihren kleinen
Hund an und geht ohne ihn ins
Kaufhaus. Armer Hund! Emily will
ihn streicheln.

Sie vergisst alles um sich herum, läuft zur Tür und will hinaus.

Da ertönt ein lautes Schrillen. Emily bleibt erschrocken stehen. Alle Leute sehen sie an.

„Ein Dieb!", ruft eine Frau, denn wenn die Sirene losgeht, dann will jemand verschwinden, ohne zu bezahlen.

„Ich bin kein Dieb!", jammert Emily. „Ich wollte den kleinen Hund streicheln."

Da kommt auch schon Mama.

Sie schimpft gar nicht, so froh ist sie, dass sie Emily gefunden hat.

Erstaunt sieht sie, was Emily anhat.

„Wie siehst du denn aus?"

Dann zieht sie Emily den großen Pullover aus.

„Ich möchte auch so einen Hund haben", sagt Emily.

Mama lacht. „Eins nach dem anderen. Jetzt suchen wir erst einmal einen passenden Pullover für dich."

Die Prinzessin geht tauchen

Es war einmal eine Prinzessin, die lebte in einem schönen Schloss mit Garten. In der Mitte des Gartens gab es einen großen Teich. Dort ging die Prinzessin jeden Tag hin, um die Enten zu füttern.

Eines Tages war mehr Wasser im Teich als sonst, und das Ufer war überschwemmt, sodass die Prinzessin beim Entenfüttern nasse Füße bekam. „Igitt!", rief sie. „Meine schicken Prinzessinnenschuhe sind ja total matschig und schlammig! Wo kommt denn bloß das ganze Wasser her? Es hat doch gar nicht geregnet."

Sie zog die Schuhe aus und kletterte auf einen großen Stein.

„Vielleicht ist ja irgendwo ein neuer Bach, der in meinen Ententeich hineinfließt? Hm, mal sehen …"

Die Prinzessin guckte nach links.

Kein Bach. Die Prinzessin guckte nach rechts.

Auch kein Bach … Und dann guckte sie aus Versehen nach unten, und – platsch – fiel ihr die Krone vom Kopf und verschwand blubbernd im Teich.

„Huch, meine Krone! Meine schöne Prinzessinnenkrone ist weg!", rief die Prinzessin.

Die Fische kamen angeschwommen und streckten neugierig die Köpfe aus dem Wasser. „Was schreist du denn so?"

„Ach, meine Krone ist in den Teich gefallen! Könnt ihr nicht schnell mal runtertauchen und sie mir holen?"

„Pöh, tauch doch selber!", sagten die Fische.

„Aber ich kann nicht schwimmen. Und unter Wasser krieg ich keine Luft, und der Teich ist viel zu tief!"

„Haha, die kann nicht mal schwimmen, und unter Wasser kriegt sie keine Luft, ist die blöd!", riefen die Fische. Sie lachten die Prinzessin aus und tauchten wieder unter.

„Ihr seid so gemein!", rief die Prinzessin. Dann lief sie zurück zum Schloss und ging in die königliche Werkstatt. Dort arbeitete der königliche Erfinder.

„Lieber Erfinder, kannst du mir ein Tauchboot bauen? Ich muss in den Teich hinuntertauchen, da liegt nämlich meine Krone drin!"

Der Erfinder war sehr nett und klug und baute der Prinzessin ein schickes rot glänzendes Tauchboot.

Als die Prinzessin damit tauchte, machten die Fische große
Augen. „Ooooh!", riefen sie. „Wie das glitzert!"
Die Prinzessin hörte alles ganz genau, denn das Tauchboot
hatte ein Sprechrohr zum Unterhalten! „Weg da, Fische!",
rief sie. „Jetzt hole ich mir meine Krone!"
Das Tauchboot sank tiefer und tiefer, und das Wasser wurde
immer dunkler und schlammiger. Da schaltete die Prinzessin
schnell die Scheinwerfer an. Zack, wurde es hell! Die Fische
bekamen so einen Schreck, dass sie in alle Richtungen
davonflitzten.
Ganz unten, an der tiefsten Stelle des Teiches, hockte eine
alte warzige, knarzige Kröte mit einer kleinen Krone auf dem
Kopf.
„Juhu!", rief die Prinzessin. „Tut mir leid, liebe Kröte, aber
diese Krone gehört mir!"

Da fing die Kröte an zu weinen, und ihre knarzige Kröten-
stimme brummte irgendetwas.

„Wie bitte?", rief die Prinzessin. „Geh mal näher an das
Sprechrohr, sonst verstehe ich kein Wort!"

„Ich bin neu hier", quakte die Kröte. „Und die Fische haben
mich geärgert und gesagt, ich sähe scheußlich aus."
Schön war die Kröte wirklich nicht. Aber die Prinzessin
sagte: „Die Fische sind echt gemein, hör gar nicht hin!"

„Aber wenn ich die Krone auf dem Kopf habe, bewundern
sie mich alle und sind nett zu mir. Das ist viel, viel schöner.
Ach bitte, biiiiiiitte, nimm mir die Krone nicht weg!
Buuuuuuhuhuuuuuu!", heulte die Kröte.

„Hör auf zu weinen!", rief die Prinzessin. „Du machst ja
eine Riesenüberschwemmung! Davon krieg ich nasse Füße!
Du kannst die Krone behalten!"

„Wirklich?", schniefte die Kröte.

„Ja, aber versprich mir, dass du nie mehr weinst!"
Das versprach die Kröte, und von diesem Tag an
bekam die Prinzessin keine
nassen Füße mehr, wenn
sie zum Teich ging, um
die Enten zu füttern.

Die Prinzessin tauchte munter
in den tiefen Teich — hinunter.

Dort wohnte eine arme Kröte,
die weinte sehr und hatte — Nöte.

Sie gab der Kröte ihre Krone
und lebt seitdem zufrieden — ohne.

Ein Geschenk für Mama

„Meine Pfoten sind immer so kalt", klagt Fridolins Mama.
„Kein Wunder. Es wird ja auch schon wieder Winter."
Fridolin hat Mitleid mit Mama. Kalte Pfoten müssen schrecklich sein.
Bald hat Mama Geburtstag. Fridolin möchte ihr eine Freude machen. Wie wäre es mit Pfotenschuhen? Die Menschen haben auch Schuhe und Handschuhe! Die ziehen sie an, damit sie keine kalten Füße und Hände bekommen. Fridolin beschließt, für Mama Pfotenschuhe zu stricken. Leider weiß er nicht, wie das geht. Aber so schwer ist es bestimmt nicht. Die Menschen können es schließlich auch.
Fridolin überlegt, wen er um Rat fragen könnte.

Er geht zur Schildkröte, die bei ihnen im Haus lebt. Alle sagen, sie sei besonders klug.

„Ich kann nicht stricken", sagt die Schildkröte. „Mir ist auch nie kalt. Ich habe meinen Panzer. Außerdem verschlafe ich den Winter einfach, da spüre ich die Kälte nicht. Frag also lieber Tiere, die draußen leben. Gute Nacht."

Im Garten trifft Fridolin den Maulwurf. Der wirft gerade einen besonders schönen Hügel.

„Ach, ist das anstrengend, wenn es Winter wird", sagt der Maulwurf zu Fridolin. „Die Erde ist so hart und kalt."

„Du könntest dir Pfotenschuhe stricken", schlägt Fridolin vor. „Die halten schön warm."

Der Maulwurf schüttelt den Kopf: „Ich kann nicht stricken. Aber wenn ich tolle Löcher und schöne Gänge grabe, dann habe ich keine kalten Pfoten mehr."

„Ich suche ein Geschenk für meine Mama zum Geburtstag", klagt Fridolin. „Aber ich glaube nicht, dass sie sich über Löcher und Gänge freut."

Fridolin fragt lieber die Katze.
Doch die kann auch nicht
stricken. „Wenn ich ein
Geschenk brauche,
fange ich eine Maus",
erklärt sie.
„Das ist immer
ein schönes Mit-
bringsel bei einem
Geburtstagsfest."
Fridolin denkt nach.
Seine Mama
mag keine Mäuse.

Er fragt noch die kleine Meise.
„Ich stricke nie. Wenn jemand Geburtstag hat, singe ich
ihm ein Lied vor", erzählt sie. „Das kommt immer gut an."
Enttäuscht geht Fridolin nach Hause.
Jedes Tier kann etwas, aber keines weiß, wie man Pfoten-
schuhe strickt.
Traurig legt er sich in sein Körbchen. Er hat das Gefühl,
er kann gar nichts.
„Was ist denn los mit dir?", fragt Mama, denn natürlich
merkt sie, dass mit Fridolin etwas nicht stimmt.
Erst will Fridolin nicht mit der Sprache herausrücken, doch
dann erzählt er Mama alles.

„Du musst mir gar nichts zum Geburtstag schenken!", ruft
Mama. „Du bist doch selbst das allerschönste Geschenk.
Seit du auf der Welt bist, habe ich jeden Tag Freude mit dir!"
Fridolin ist glücklich: Er muss kein Geschenk finden. Er ist
selbst ein Geschenk.

Mama nimmt ihn fest in den Arm. Zusammen kuscheln
sie im Körbchen. Fridolin wird ganz warm und Mamas
Pfoten sind auf einmal auch ganz warm. Fridolin wärmt
nämlich viel besser als die besten Pfotenschuhe.

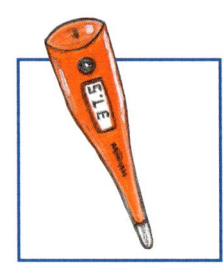

Doktor Lisa

Lisa sitzt am Tisch und sieht traurig ihr Müsli an. Sie rührt mit ihrem Löffel darin herum, aber sie isst nichts, denn sie hat keinen Appetit. Mama wundert sich. Was ist denn mit Lisa los?

Lisa sagt, wenn sie das Müsli schluckt, tut ihr der Hals weh.

Mama guckt ihr in den Mund: „Deine Mandeln sind geschwollen."

Dann fühlt sie Lisas Stirn.

„Du hast ja Fieber! Sofort ins Bett mit dir."

Lisa will nicht krank sein.

Sie möchte in den Kindergarten und mit den anderen Kindern spielen.

„Das geht nicht", sagt Mama. „Aber wenn du heute brav
im Bett bleibst, ist morgen bestimmt alles wieder gut."
Dann holt sie Medizin aus dem Schrank.
„Ich will keine Tropfen nehmen, die sind bitter", beschwert
sich Lisa.
Mama zählt dreißig Tropfen in den Tee und gibt Honig dazu,
so schmeckt der Tee schön süß. Dann geht sie hinaus, um
den Arzt anzurufen. Er soll ihr einen Rat geben, was sie mit
Lisa machen soll.
Als Mama das Zimmer verlassen hat, steht Lisa auf. Sie will
nicht liegen bleiben, sondern spielen. Aber ihr wird ganz
schnell schwindelig, und die Puppe fällt ihr aus der Hand.
Lisa weint.
Mama kommt und schimpft erst, weil Lisa aufgestanden ist.
Dann bringt sie Lisa zurück ins Bett. Lisa darf die Puppe im
Arm halten, damit sie nicht so alleine ist. Mama liest ihr eine
Geschichte vor. Bald ist Lisa eingeschlafen.

Als Lisa aufwacht, fühlt sie sich schon viel besser. Sie steht auf und geht in die Küche. Da sitzt Mama und sieht ganz müde aus. Der Hals tut ihr weh, und sie hat überhaupt keinen Appetit.

Lisa weiß, was zu tun ist. Sie guckt Mama in den Mund. Da ist ja alles ganz rot! Dann fühlt sie Mamas Stirn. Die ist ja ganz heiß!

„Du musst sofort ins Bett", sagt Lisa zu Mama.

„Das geht nicht", antwortet Mama. „Ich habe noch so viel Arbeit."

„Wenn du heute brav im Bett bleibst, ist morgen bestimmt alles wieder gut", verspricht Lisa. Dann macht sie all das, was sie bei Mama gelernt hat.

Sie holt die Tropfen und den Rest von ihrem eigenen Tee.
Den kann Mama jetzt trinken. Sie will Mama ins Bett bringen.
Aber Mama mag nicht. Lisa muss mit Mama schimpfen.
Dann fällt Lisa ein, dass sie den Arzt anrufen sollte. Das hat
Mama auch so gemacht, als Lisa krank war.
„Das ist nicht nötig", sagt Mama. „Ich habe doch dich,
Doktor Lisa."
Lisa freut sich. Sie kann schon genauso gut Leute gesund
machen wie der Arzt!
„Ich will später einmal auch Doktor werden", sagt Lisa.
„Das ist schön, dass du anderen Menschen helfen willst",
findet Mama.
„Ich darf dann allen sagen, was sie tun sollen",
meint Lisa. Das gefällt ihr besonders gut
am Doktorsein.
Mama seufzt. Es ist so langweilig,
allein im Bett zu liegen und darauf
zu warten, dass man gesund wird.
Lisa kennt das. Deshalb legt sie
sich zu Mama und erzählt ihr eine
Geschichte. Bald sind beide
eingeschlafen, Mama und Lisa.

Der kleine Feuerwehrmann

Der kleine Feuerwehrmann liebte es, Feuer zu löschen. Jeden Abend vor dem Schlafengehen zündete er vorsichtig eine Kerze an und pustete sie gleich wieder aus: Anmachen. Auspusten. Herrlich! Manchmal sogar zweimal: Anmachen. Auspusten. Noch mal anmachen, noch mal auspusten. Wunderbar! Und dann guckte er genau nach, ob die Kerze auch wirklich aus war. Feuer ist nämlich gefährlich!

Wenn der kleine Feuerwehrmann nach draußen wollte, benutzte er nie die Treppe. Nein, er ging auf den Balkon. Dort war im Boden ein großes Loch mit einer Rutschstange in der Mitte. Und an dieser Stange rutschte der kleine Feuerwehrmann dann hinunter in den Garten: Sssssssssst, bums, schon war er unten. Feuerwehrmänner müssen schnell sein! Er übte das Rutschen jeden Tag, wenn er einkaufen ging. Er goss mit dem Gartenschlauch zehn Kerzen aus und gleich danach die Blumen.

Und als er damit fertig war, ging er zur Feuerwehr und sagte: „Guten Tag, ich bin ein Feuerwehrmann und suche Arbeit."

„Hohohoho!", lachte der große Feuerwehrchef. „Du bist aber klein! Was willst du denn bei der Feuerwehr? Kerzen löschen?"

„Das kann ich schon!", sagte der kleine Feuerwehrmann stolz. „Und rutschen auch."

„Hohohoho! Feuerwehrmänner müssen groß sein, so wie ich. Geh nach Hause, Kleiner!"

Der kleine Feuerwehrmann war traurig. Er hatte sich so darauf gefreut, endlich mit einem richtigen Feuerwehrauto zu fahren!

Auf dem Heimweg
kam er an einem Jahr-
markt vorbei. Dort gab es viele
neue, schnelle Karussells. Und ein
uraltes, kaputtes Karussell mit einer knallroten kleinen Feuerwehr!

„Die wäre genau richtig für mich!", rief der kleine Feuerwehrmann begeistert.

„Ich schenk sie dir", sagte der Chef vom Rummelplatz.

„Das Karussell ist eh kaputt. Und viel zu alt und langsam."

Der kleine Feuerwehrmann war überglücklich.

Er holte seinen Werkzeugkasten und reparierte die kleine
Feuerwehr. Als er fertig war, setzte er sich hinein und
fuhr los. DING-DING-DING läutete die Glocke! LALÜ-LALA
heulte die Sirene.

Plötzlich sah der kleine Feuerwehrmann eine Kindergeburts-
tagsfeier. Die Kinder saßen draußen im Garten an einem
runden Tisch, und in der Mitte stand ein Kuchen mit sieben
brennenden Kerzen!

LALÜ-LALA!
„Achtung, Achtung!",
rief der kleine Feuerwehr-
mann, sprang mit dem
Wasserschlauch über den
Gartenzaun und spritzte –
tschschsch – die Kerzen aus und alle Kinder nass.
Und der Kuchen war nur noch Pampe.
Die Kinder kreischten und freuten sich, und der kleine
Feuerwehrmann freute sich mit.
Am nächsten Morgen hörte er schon ganz früh die Sirenen
der großen Feuerwehrautos: TATÜ-TATA! Schnell stieg
er in sein Feuerwehrauto und fuhr den anderen hinterher.
In der Stadt waren so viele Autos, dass die große Feuerwehr im Verkehr stecken blieb. „Weg da, weg da!", brüllte
der große Feuerwehrchef wütend. „Nanu?"

DING-DING-DING! Der kleine Feuerwehrmann fuhr mit seiner Minifeuerwehr einfach zwischen den anderen Autos hindurch! Bis zu einem kleinen Haus, bei dem das Dach brannte. Und als die große Feuerwehr dort ankam, hatte der kleine Feuerwehrmann das Dach schon längst gelöscht!

„Tja, hm, hm, hm", brummte der Feuerwehrchef.

„Ich glaube, ich habe mich geirrt, kleiner Feuerwehrmann. Wir können dich gut brauchen. Machst du bei uns mit?"

„Mach ich", versprach der kleine Feuerwehrmann. Und als er an diesem Abend ins Bett ging, konnte er lange nicht einschlafen – so sehr freute er sich!

Ein kleiner Mann mit Feuerwehr
fährt hinter jedem Feuer — her.

Ding-ding-ding, lalü-lala,
die Minifeuerwehr ist — da!

Sie macht ganz schnell bei dir zu Haus'
alle Kerzen wieder — aus.

Die kleine Schildkröte verreist

Weit, weit fort, irgendwo in Afrika, lebte eine kleine Schildkröte. Nachts schlief sie unter einem hohen Baum. Am Tag fraß sie Gras und hörte dem Wind zu. So ging das Jahr für Jahr. Schlafen. Gras fressen. Wind.

Eines Tages hörte sie ein seltsames Geräusch. Schnell zog sie den Kopf ein und horchte. Es klang wie jemand, der ganz außer Atem war und heftig nach Luft schnappte. Als die Schildkröte vorsichtig aus ihrem Schildkrötenpanzer hervorlugte, sah sie eine große Katze.

Es war ein Gepard, die schnellste Katze Afrikas.

„Was willst du denn hier?", fragte die Schildkröte.

„Ich will mich nur kurz ausruhen", sagte der Gepard. „Ich bin unterwegs zum See."

„Zum See? Was ist denn das?"

„Der See, oh, der See!", seufzte der Gepard. „Der See ist
der schönste Ort der Welt. Dort ist es wunderbar kühl. Nicht
so heiß und staubig wie hier!"

„Oooh, da will ich auch hin", seufzte die Schildkröte.

„Tja, da musst du rennen, so wie ich!", sagte der Gepard.
Und – hui – rannte er davon und verschwand in einer
Staubwolke.

Die kleine Schildkröte übte jeden Tag zu rennen, aber
irgendwie klappte es nicht so richtig. Sie war zu langsam.
Und jede Nacht träumte sie davon, irgendwann einmal
den See zu sehen.

Ein paar Tage später landete ein großer weißer Vogel
mit langen Beinen neben ihr im Gras.

Es war ein Flamingo.

„Was machst du denn da?",
lachte der Flamingo.

„Ich übe rennen", schnaufte die
kleine Schildkröte. „Ich will
unbedingt zum See!"

„Oh, der See!", sagte der Flamingo. „Der See ist wirklich wunderschön. Aber dorthin muss man fliegen, so wie ich!" Flapp, flapp, flapp flog er davon.

Die kleine Schildkröte übte jeden Tag zu fliegen, aber irgendwie klappte es nicht so richtig. Sie war zu schwer und plumpste immer wieder auf die Erde. Und immer noch träumte sie jede Nacht davon, irgendwann einmal den See zu sehen.

Schließlich kletterte sie auf einen großen Stein. „Vielleicht ist es ja leichter, nach unten zu fliegen, als nach oben", dachte sie.

Plumps! Die kleine Schildkröte landete so hart, dass sie schnell den Kopf einzog. Und dann rollte und rollte und rollte sie und landete schließlich – platsch – in einem Fluss! Der Fluss war wild und schnell.

„Auwei", dachte die kleine Schildkröte. „Das ist aber sehr schnell. So schnell war ich noch nie!" Sie schnappte nach einem Zweig und hielt sich gut fest.

Der Fluss floss weiter und weiter,
aber er wurde langsamer. Irgendwann
trieb ein großer Ast vorbei.
Da krabbelte die kleine Schildkröte hinauf.
Von dort oben sah sie Dinge, die sie noch
nie gesehen hatte: Am Ufer standen Kinder
und winkten. Löwen lagen in der Sonne.
Giraffen spazierten umher, hoch wie Bäume.
Und direkt vor ihr lag etwas Großes,
Glänzendes und Blaues. Etwas Wunderschönes.
Der See!
„Hallo, kleine Schildkröte!", rief der Gepard vom Ufer.
„Hallo, kleine Schildkröte!", rief der Flamingo und landete
neben ihr auf dem Wasser. „Da bist du ja!"

Dreieck und Viereck

Dreieck und Viereck sind schon lange Freunde.
Auf den ersten Blick haben sie nicht so viel gemeinsam,
denn Dreieck sieht viel spitzer aus als Viereck.
Aber sie verstehen sich gut.
„Obwohl wir so unterschiedlich sind", sagt Dreieck.
„Vielleicht gerade, weil wir so unterschiedlich sind", ruft
Viereck. „Denn was der eine nicht kann, das kann der
andere."
„Manche Dinge können wir beide nicht allein", meint Dreieck.
„Aber zusammen schaffen wir das."

Heute gehen Dreieck und Viereck gemeinsam spazieren.

„In dieser Straße gibt es viele schöne Häuser", sagt Dreieck.

„Ein Haus bauen, das ist doch keine Kunst",
antwortet Viereck. „Das können wir auch!"

Viereck bleibt stehen und Dreieck klettert auf ihn drauf.

Viereck spielt das Haus und Dreieck das Dach. Sie lachen:
Sind sie nicht das schönste Haus in der ganzen Straße?

Dreieck kann nun viel weiter gucken, weil er auf Viereck
steht.

„Ich sehe was, was du nicht siehst!", ruft Dreieck.

„Im Garten dahinten ist eine Rutsche!"

Das will Viereck auch sehen. Sie folgen dem Lachen
der Kinder, die im Garten spielen. Am Gartenzaun
bleiben sie stehen und beobachten sie.

„Das ist eine schöne Rutsche", seufzt Viereck.
Er würde am liebsten mitspielen.

„Das können wir doch auch", meint
Dreieck tröstend. „Ich bin deine Rutsche!"
Viereck klettert an der einen Seite des
Dreiecks hoch und rutscht auf
der anderen Seite hinunter.
Das macht Spaß!

Die Kinder entdecken die beiden. „Dürfen wir mitspielen?",
fragen sie.

Dreieck und Viereck freuen sich. Denn auch wenn sie dicke
Freunde sind, zu zweit ist es manchmal nicht so lustig wie
zu fünft oder zu sechst. Sie zeigen den Kindern, was sie
alles können.

Dreieck kann sich zum Beispiel auf den Kopf stellen.
Viereck schubst ihn dann, und Dreieck dreht sich wie
ein Kreisel. Die Kinder wollen das auch einmal
ausprobieren. Sie drehen, bis Dreieck ganz
schwindlig ist.

„Da kommen die beiden Kreise!", ruft
Viereck, als Dreieck sich gerade ein
bisschen vom Drehen erholt.

„Mit ihnen ist es immer besonders lustig",
erklärt Viereck den Kindern.

„Die beiden Kreise sind nämlich Zwillinge und machen
fast alles gemeinsam."
Die Kinder begrüßen die beiden Kreise. Sie sehen aus
wie Räder. Vielleicht können sie ein Fahrrad bilden?
„Ich habe eine bessere Idee!", ruft Viereck und klettert
auf die beiden Kreise.
„Das sieht aus wie ein Auto!" Die Kinder sind begeistert.
Dreieck klettert auf Viereck drauf. So wie am Anfang ihres
Spiels, als sie ein Haus waren. Die Kinder lachen.
„Ein Haus auf Rädern!"
„Nein, es ist ein Wohnwagen mit Dach!"
„Wir können damit verreisen!"
Das ist eine tolle Idee, finden die Kinder.
Wer hätte gedacht, dass man
mit Dreieck, Viereck und
den Kreisen so toll
spielen kann!

Baggerführer Bruno zieht um

Das Haus von Bruno dem Baggerführer stand mitten in der Stadt, an einer großen Straße. Schrecklich laut war es dort. Überall hupten die Autos.

„Ich ziehe um", dachte Bruno eines Tages. „Ich gehe einfach irgendwohin, wo es nicht so laut ist. Da baue ich mir dann ein neues Haus."

Bruno der Baggerführer hatte nicht viel. Nur ein Bett, einen Tisch, einen Stuhl, einen Ball, einen Teller, eine Tasse und einen Löffel. Sieben Sachen. Also packte er seine sieben Sachen in die Baggerschaufel und fuhr los. Raus aus der Stadt und eine lange Straße entlang.

Pött-pött-pött-pött-pött, machte der Bagger. Die Sonne schien. Die Vögel sangen. Die Stadt war fast nicht mehr zu sehen. Nur Himmel, Wiesen und Felder. „Ach, ist das schön hier", dachte Bruno.

Pött-pött-pött-pött-pött.

Auf einer großen grünen Wiese hielt er an.

„Das ist eine wunderschöne Wiese, hier baue ich mein neues Haus", dachte Bruno.

Wrrruuummm, heulte der Bagger auf. Bruno wollte gerade anfangen zu baggern. Aber da …

„Hallo!", piepste eine winzig kleine Stimme.

Bruno beugte sich aus seinem Bagger heraus und sah ein kleines braunes Kaninchen, das vor seinem Kaninchenloch saß.

„Was machst du da?", fragte das Kaninchen.

„Baggern", sagte Baggerführer Bruno. „Ich baue mir ein neues Haus."

„Aber hier bitte nicht", sagte das Kaninchen. „Hier wohne ich. Außerdem ist dein Bagger schrecklich laut und stinkt! Bau dein Haus woanders!"

„Na gut", sagte Baggerführer Bruno.
Er fuhr mit seinem Bagger einfach ein Stück weiter, denn die Wiese war ja groß.

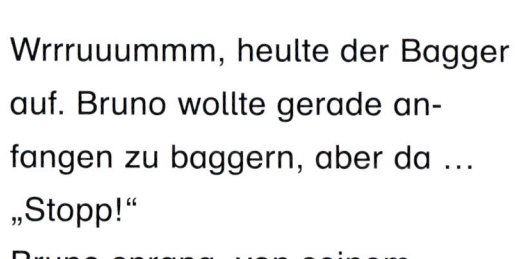

Wrrruuummm, heulte der Bagger auf. Bruno wollte gerade an-fangen zu baggern, aber da …

„Stopp!"

Bruno sprang von seinem Bagger herunter. „Was ist denn nun schon wieder?", brummte er.

Vor ihm saß ein kleiner Maulwurf auf seinem Maulwurfshügel.

„Wer ist da?", fragte der Maulwurf. „Ich kann so schlecht gucken!"

„Ich bin's, Bruno der Baggerführer, und ich baue mir ein neues Haus!"

„Aber hier nicht", sagte der Maulwurf. „Hier wohne nämlich ich. Und außerdem bist du viel zu laut und stinkst!"

„Das bin nicht ich, das ist mein Bagger! Kauf dir mal eine Brille!", schimpfte Bruno. Aber dann fuhr er doch ein Stück-chen weiter …

Wrrruuummm, heulte der Bagger auf. Aber da …

„Halt! Moment!"

„WAS IST DENN JETZT?" Bruno schaltete den Bagger aus. Vor ihm lag ein winzig kleiner Regenwurm. „Bei mir unter der Erde wackelt alles … Mir ist schon ganz schlecht!"

Bruno seufzte, stieg in seinen Bagger und fuhr und fuhr und fuhr, bis es nicht mehr weiterging.

Am Ende der Wiese war ein Fluss, und am Ufer lag ein Hausboot. Gleich daneben stand ein alter Bagger im Gras! Seltsam. Da öffnete sich die Hausboottür, und heraus kam eine Baggerführerin.

„Hallo", sagte Bruno. „Zeigst du mir, wie man so ein Hausboot baut?"

„Zieh doch hier ein", sagte die Baggerführerin. „Meins ist groß genug."

Also wohnten die beiden zusammen in dem Hausboot. Und jeden Abend, wenn sie im Bett lagen, schaukelte der Fluss sie in den Schlaf.

So macht Vorlesen Spaß!

Hier haben wir die besten Tipps für den größtmöglichen Vorlesespaß
für Sie zusammengestellt:

■ Nicht hetzen lassen. Achten Sie beim Vorlesen auf eine ruhige,
gemütliche Atmosphäre. Wer sich beim Zuhören an den Vorleser
ankuscheln kann, dem fällt das Abtauchen in die Geschichte viel leichter.
Lassen Sie das Vorlesen nicht zum Pflichtprogramm werden, bei dem
es nur darum geht, eine Geschichte möglichst schnell und effektiv „durch-
zuarbeiten". Wie viel Sie vorlesen, wie schnell, wie viele Pausen nötig
sind, das sollte nach Möglichkeit immer Ihr Zuhörer bestimmen. Manchmal
ist weniger mehr.

■ Geschichtenauswahl. Kindern macht Zuhören am meisten Spaß, wenn
sie sich die Geschichte selbst aussuchen dürfen – zum Beispiel mithilfe
des bebilderten Inhaltsverzeichnisses. Übrigens werden Sie im Laufe der
Zeit beobachten, dass Ihr Kind in gewissen Situationen oder Stimmungen
ganz bewusst Geschichten auswählt, die es ihm erleichtern, von selbst
Erlebtem zu erzählen. Und Sie werden feststellen, dass es ihm großen
Spaß macht, immer wieder die gleichen Geschichten zu hören. Auch das
ist gut und wichtig: Kinder benötigen Wiederholungen, um neue Begriffe
zu lernen und damit sich das Gehörte einprägt.

■ Schauspieler gesucht. Einfach mal so richtig aus sich rausgehen: Beim
Vorlesen sind Ihre verborgenen schauspielerischen und komödiantischen
Fähigkeiten gefragt! Arbeiten Sie mit Gestik und Mimik, passen Sie Ihre
Stimme den verschiedenen Figuren der Geschichte an und versuchen Sie,
die Geschichte so zu lesen, dass deutlich wird, wer wann spricht.

■ **Kinder mitreden lassen.** Ein guter Vorleser kommt mit seinen Zuhörern nicht nur verbal, sondern auch emotional über den Text ins Gespräch. Sie werden feststellen: Je mehr Raum Sie Ihrem Kind geben, sich einzubringen, desto mehr werden Sie über seine Gefühle und über die Welt, in der es lebt, erfahren.

■ **Noch mehr Abwechslung.** Lassen Sie z.B. die Figuren der Geschichte mit Ihrem Kind reden – das finden besonders die Kleinen toll. Oder erzählen Sie die Geschichte einfach weiter. Was könnte den Figuren noch alles passieren?

Und denken Sie immer mal wieder daran: Kinder lernen Sprache vor allem über das „Be-greifen". Für die Älteren finden Sie hier ein paar Vorschläge, wie Sie das umsetzen können: Bei einem bestimmten Wort, z.B. „Wunderpullover", muss das Kind aufstehen.

Gegenstände schnappen: Auf einem Tisch liegen viele Gegenstände. Die Geschichte wird vorgelesen. Wenn einer der Gegenstände auf dem Tisch genannt wird, greift das Kind schnell danach.

Stehaufmännchen: Die Geschichte wird vorgelesen. Bei einem bestimmten Wort, z.B. „Pfotenschuhe", muss das Kind aufstehen.

Klanggeschichte: Beim Vorlesen darf das Kind bestimmte Personen mit einem Musikinstrument (Rassel, Klangholz …) darstellen.

Bilderbuchkino: Warum nicht einmal Freunde zum Vorlesen einladen und die Kinder mit Eintrittskarten und Popcorn in die Welt des Bilderbuchkinos entführen?

Schritt für Schritt zum Schulanfang!

Die Vorschulbücher von Duden begleiten Kinder ab 4 Jahren durch die wichtigsten Lernphasen zum Schulanfang. Systematisch und abwechslungsreich angelegt, vermitteln die zahlreichen Übungen Freude am Lernen. So bleiben Ihre Kinder mit Spaß und Abenteuer dabei!

Mein großes Abc-Vorschulbuch

- 96 Seiten
- Broschur
- ISBN: 978-3-7373-3454-9

Das große Vorschulbuch

- 96 Seiten
- Broschur
- ISBN: 978-3-7373-3036-7

Lustige Abc-Geschichten für Vorschule und Schulstart

Fußball und Piraten

- 80 Seiten
- Gebunden
- ISBN: 978-3-7373-3481-5

Lustige Abc-Geschichten für Vorschule und Schulstart

Pferde und Prinzessinnen

- 80 Seiten
- Gebunden
- ISBN: 978-3-7373-3482-2